AF461157

EDICT DV ROY

portãt creation de vingt ſix offices de Conſeillers, Notaires & Secretaires du Roy & de ſes Finances.

A PARIS,

Chez P. METTAYER, & P. L'HVILLIER, Imprimeurs & Libraires ordinaires du Roy.

M. DCVI.

Auec priuilege de ſa Majeſté.

EDICT DV ROY PORTANT creation de vingt six offices de Conseillers, Notaires & Secretaires du Roy & de ses Finances.

ENRY PAR LA GRACE DE DIEV ROY DE FRANCE ET DE NAVARRE. A tous presens & aduenir; Salut. Nostre tres-honoré Seigneur & frere, le Roy Henry III. par ses lettres patentes en forme de declaration du 25. iour de Septembre 1576. reuocqua tous les Estats, charges & Commissions de Secretaires des Finances, pour lesquels il n'auoit esté payé aucuns deniers, & par son Edict du mois de Nouembre audit an, crea & erigea treize Estats & charges de Secretaires des Finances, aux gaiges de mil liures chacun: à prendre sur les deniers de l'espargne, auec pouuoir d'expedier & signer toutes lettres concernans les finances. Pour lesquels offices, il fut payé diuerses sommes suiuant les taxes qui en furent faictes. Et depuis ledit temps plusieurs personnes ont obtenu par faueur & surprise mesmes charges & commissions de signer en finance, sans auoir pour la pluspart payé aucune chose en nos parties casuelles. Tellement que nous demeurons chargez de grands gaiges, sans en auoir retiré le secours raisonnable, pour suruenir à la necessité des despences de cet Estat. Et d'ailleurs l'expedition des lettres, concernant le faict de nos finances, se trouue d'ordinaire retardee. D'autant que lesdits Secretaires de nos finances n'ayant droict d'entrer au sceau, & peu des Notaires & Secretaires de nostre maison & Couronne, estans Secretaires des finances; les parties & mesmes ceux qui ont la charge de nos affaires ne sçauent d'ordinaire à qui s'addresser, pour faire signer les lettres qui se presentent: A quoy desirant remedier pour la celerité des expeditions, & pour tirer quelque secours raisonnable d'vn legitime supplément, pour subuenir aux grandes charges de ce Royaume (puis qu'ainsi est qu'il nous conuient payer lesdits gaiges:) Ioinct qu'il est raisonnable de donner l'entree en nos Chancelleries à nosdits Secre-

:aires des finances, comme à nos autres Notaires & Secretaires, auec les mesmes pouuoirs, & Priuileges. POVR CES CAVSES, & autres considerations à ce nous mouuans: Apres auoir eu sur ce l'aduis des principaux de nostre Conseil, AVONS de nostre certaine science, pleine puissance & auctorité Royal, par ce present nostre Edict perpetuel & irreuocable, creé & erigé & estably, creons, erigeons, & establissons en tiltre d'offices formés le nombre de vingt-six nos Conseillers, Notaires, & Secretaires, Maison & Couronne de France, dont seront pourueuz ceux qui auront des Commissions de signer en finance, & qui auront payé finance à ceste fin, aux gaiges de mil liures chacun par an: à prendre sur les deniers de nostre Espargne, ou des Gabelles, auec pouuoir de signer lesdites lettres de finances & toutes autres qui s'expedient par nos autres Notaires & Secretaires, pour quelques personnes, & pour quelque cause que ce soit, faire toutes collatiõs, passer quittances & autres expeditions, droict d'entree en nos grãde & petite Chãcelleries, asistance au sceau, Contrerolle, & en toutes assemblees & colleges desdits Notaires, & Secretaires, auec pareils & semblables honneurs, auctoritez, prerogatiues, preéminances, franchises, libertez, priuileges, exemptions, immunitez rang, & ordre de reception, droicts, profits, reuenus, & esmolumens, dont iouissent tous nos autres Secretaires, Maison & Couronne de France; Tout ainsi que s'ils estoient couchez & employez par le menu en cesdites presentes, & sans en rien changer ou innouer. Autres neantmoins que des bourses & droits du sceau, ausquels nous n'entendons qu'ils ayent aucune participation, pour d'iceux vingt-six Estats, pouruoir les personnes qui auront lesdites lettres de signer en finance cy-dessus specifiees, en payant en nos parties casuelles, les sommes qui seront taxees en nostre Conseil. SI DONNONS EN MANDEMENT à nostre tresch[illegible]r, & feal Chancellier, le sieur de Bellieure. Et à nos amés & feaux Conseillers, les gens de nos Cours de Parlement, de nos Comptes, & des Aydes à Paris, Tresoriers de France, & Generaux de nos finances audit lieu, & tous autres qu'il appartiēdra, faire lire, publier & enregistrer cestuy nostre present Edict: Et du contenu en iceluy, iouïr & vser ceux qui seront par nous pourueuz desdits offices de nos Notaires & Secretaires: Et à eux obeyr & entendre de tous ceux, & ainsi qu'il appartiendra és choses touchant & concernant lesdits offices. Enjoignant à nos amez & feaux les grands Audianciers de France, Cõtroolleurs Generaux de nostre Chãcellerie, & Procureurs de nosdits Notaires, & Secretaires, de faire enregistrer nostre present Edict, és registres des immatricules de ladite Audiance : Et ceux qui seront par nous pourueuz desdits Estats à l'aduenir. MANDONS EN OVTRE à nos amez & feaux Conseillers, les Tresoriers de nostre Espargne, ou autres qui pourront auoir de nous charge & maniment de nos Gabelles: Qu'ils ayent chacun à payer en l'annee de leur exercice, à ceux qui seront par nous pourueuz en vertu du present Edict, lesdits gaiges de mil liures chacun, aux quartiers accoustumés sur leurs simples quittances. En vertu desquelles nous voulons lesdits gaiges estre passez en la despence de leurs comptes, par nosdits gens des Comptes : Ausquels mandons ainsi le faire sans difficulté: Car tel est nostre plaisir ; Nonobstant toutes lettres, Edicts, Ordonnances, & declarations à ce contraires. Ausquelles & aux desrogatoires des desrogatoires y contenues, nous auons pour le bien de nos affaires desrogé, & desrogeons par ces presentes. EN TESMOING dequoy nous auons faict mettre & apposer nostre sceel à cesdites presẽtes. DONNE' à Paris, Au mois de Mars, l'an de grace mil six cens cinq: Et de nostre regne le seiziesme. Signé, HENRY: Et sur le reply, Par le Roy, POTIER: Et Scellees sur lacs de Soye de Cire verte. Plus sur ledit Reply est escrit, VISA. Et plus bas: Leu, publié, & registré en la Chancellerie de France, Monseigneur le Chancelier tenant le sceau. A Paris le quinziesme iour d'Auril mil six cens cinq. Par moy Conseiller, Secretaire du Roy, & de ses finances, & grand Audiancier de France.

Signé, DESPORTES.

Est encores escrit sur iceluy reply tout ce qui ensuit:

Leu, publié & registré, ouy le Procureur general du Roy, du tres-exprez & reiteré commandement dudit seigneur, tant par plusieurs lettres de Iussion que de viue voix. A Paris en Parlement pource continué le seiziesme iour de Septembre mil six cens

Signé, VOISIN.

Registrees en la Chambre des Comptes, ouy le Procureur general du Roy, aux charges contenues en l'arrest de ce faict le quatorziestorziesme iour d'Octobre, mil six cens cinq.

Signé, De la Fontaine.

Registrees en la Cour des Aydes, ouy sur ce le Procureur General du Roy, pour iouïr par lesdits vingt-six Secretaires y mentionnez, des exemptions, franchises, & priuileges, dont iouissent les autres Secretaires de ce Royaume, tant & si longuement qu'ils ne feront acte desrogeant à leurdite qualité. A Paris le vingtiesme iour de Decembre l'an mil six cens cinq.

Signé, Du Puy, Commis.

Leu semblablement, publié & registré au grand Conseil du Roy suiuant l'Arrest donné en iceluy le cinquiesme iour de Ianuier mil six cens six. A Paris.

Signé, Thielement.

EXTRAICT DES REGISTRES de la Chambre des Comptes.

EV PAR LA CHAMBRE, Les lettres patẽtes du Roy en forme de Chartres, donnees à Paris au mois de Mars dernier, ſignees, HENRY. Et ſur le reply, Par le Roy, POTIER. Par leſquelles, & pour les cauſes y contenues, ledit ſieur a crée, & erigé, & eſtably en tiltres d'offices formez le nombre de vingt-ſix Conſeillers, Notaires, & Secretaires, Maiſon & Couronne de France, dont ſeront pourueuz ceux qui auront des Commiſſions, de ſigner en finance, & qui auront financé à ceſte fin: Aux gaiges de mil liures chacun par an, à prendre ſur les deniers de ſon Eſpargne, ou des Gabelles. Auec pouuoir de ſigner leſdites lettres de finance, & toutes autres qui s'expedient par les autres Notaires, & Secretaires, ainſi que plus au long, le contiẽnent leſdites lettres. Leuës & publiees, & regiſtrees en la Chancellerie de France, le quinzieſme Auril: Et en la Cour de Parlement le ſezieſme Septembre audit an. Concluſions du Procureur General du Roy: Et tout conſideré. LA CHAMBRE a ordonné & ordonne leſdites lettres eſtre registrees és registres d'icelle : A la charge que les officiers qui en seront pourueuz, ne pourront prendre leurs gaiges ailleurs qu'à l'Espargne. Et que auparauant que d'estre pourueuz, ils feront bien & deuëment verifier la finance premiere de leur Commission. Et qu'ils affermeront; Que ce à quoy ils seront taxez pour raison desdites offices, est directement entré és finances de sa Maiesté, sans fraude & desguisement, dont ils n'ont eu aucun remboursement, ne recompence. Et pour le regard du pouuoir de signer toutes lettres, faire toutes collations, passer quittances, & autres expeditiõs qu'ils passeront pour les affaires de sa Majesté: Qu'ils seront tenus les faire signer aux parties, & sans qu'ils puissent auoir entree au Contrerolle. Fait le quatorziesme iour d'Octobre, mil six cens cinq.

Signé par extraict des Registres de la Chambre des Comptes.

De la Fontaine.

HENRY PAR LA GRACE DE DIEV ROY DE FRANCE ET DE NAVARRE. A noz amez, & feaux Conseillers, les gens de nostre Chambre des Comptes à Paris, Salut. Par nostre Edit du mois de Mars dernier, nous aurions voulu créer, & eriger, le nombre de vingt-six Conseillers, Notaires, & Secretaires, Maison & Couronne de France. Pour en estre pourueuz ceux qui auoient des Commissions de signer en finance: Et qui auroient financé à cet effect; Aux gaiges de mil liures chacun par an. Et mesmes honneurs, priuilleges, & preéminances que nos autres Notaires, & Secretaires; Ainsi qu'il est plus particulierement contenu, & declaré par ledit Edict. Mais au lieu de le verifier, purement, & simplement, comme il vous estoit par nous mandé, vous auriez entre autres choses ordonné, par vostre Arrest du quatorziesme iour d'Octobre aussi dernier, lesdites lettres estre registrees, à la charge que les officiers qui seront pourueuz desdits offices, ne pourront prendre leurs gaiges ailleurs qu'à l'Espargne. Et que pour les quittances qu'ils passeront pour nos affaires, ils seront tenus les faire signer aux parties:

Et aussi qu'ils ne pourront auoir aucune entrée au Controolle : De sorte que si lesdites modifications auoient lieu, & n'estoient promptement leuees & ostées, comme nous desirõs, & qu'il est necessaire pour le bien de nostre seruice ; Nous ne nous pourriõs preualoir du fruict, & vtilité que nous nous sommes promis de l'execution dudit Edict. Et voulant qu'il sorte son plain & entier effect, NOVS vous mandons, & tres-expressement enjoignons par ces presentes signees de nostre main, qui vous seruiront de derniere & finalle Iussion: Et tous autres commandemens plus exprez que sçauriez attendre de nous sur ce subiect ; Que tous affaires cessans & postposez, vous ayez à leuer, & oster lesdites modifications, & restrinctions, ainsi par vous apportees à la verification dudit Edict pour la creation desdits vingt-six Secretaires, pour signer en finance: Et iceluy verifier purement, & simplement, selon sa forme & teneur ; Sans plus vous arrester aux causes & raisons, qui vous ont peu mouuoir à former telles difficultez. CAR TEL est nostre plaisir. DONNE à Paris le dixhuictiesme iour de Nouembre, l'an de grace mil six cens cinq. Et de nostre Regne le dixseptiesme. Signé, HENRY. Et plus bas, Par le Roy, RUZE. Et seellee sur simple queuë du grand seel de cire iaune.

VEU PAR LA CHAMBRE LES LETTRES PATENTES DU ROY, En forme de Chartres, données à Paris, au mois de Mars dernier, signées, HENRY, Et sur le reply, Par le Roy, POTIER. Par lesquelles, & pour les causes y contenues, ledit sieur a creé, & erigé, & estably en tiltre d'offices formés le nombre de vingt-six Conseillers, Notaires, & Secretaires, Maison & Couronne de France, Dont seront pourueuz ceux qui auront des Commissions de signer en finance, & qui auront payé finance à ceste fin, aux gaiges de mil liures chacun par an, à prendre sur les deniers de son Espargne, ou des Gabelles. Auec pouuoir de signer lesdites lettres de finance, & toutes autres qui s'expedient par les autres Notaires, & Secretaires; Ainsi que plus au long le contiennent lesdites lettres, leuës & publiées, & registrees en la Chancellerie de France le quinziesme iour d'Auril: Et en la Cour de Parlement le seziesme iour de Septembre audit an. l'Arrest de ladite Chambre, du quatorziesme Octobre dernier, par lequel elle auroit ordonné lesdites lettres estre registrees, à la charge que les officiers qui en seront pourueus, ne pourront prendre leurs gaiges ailleurs, que à l'Espargne. Et qu'auparauant que d'estre pourueuz, qu'ils feront bien & deuëment verifier la finance premiere de leur Commission, & qu'ils affermeront; que ce à quoy ils seront taxez pour raison desdits offices, est directement entré és finances de sa Majesté, sans fraude & desguisement, dont ils n'ont eu aucun remboursement, ne recompense. Et pour le regard du pouuoir de signer toutes lettres, faire toutes collations, passer quittances, & autres expeditions qu'ils passeront pour les affaires de sa Majesté, qu'ils seront tenus les faire signer aux parties, & sans qu'ils puissent auoir entrée au Contrerolle. Autres lettres patentes dudit sieur donnees à Paris le dixhuictiesme du present mois, signees, HENRY. Et plus bas, Par le Roy, RVZE. Contenant Iussion, & mandement tres-expres à ladite Chambre; Que toutes affaires cessans, & postposées, elle ait à leuer & oster les modifications, & restrinctions, par elle apportees à la verification dudit Edict, pour la creatiō desdits vingt six Secretaires, pour signer en finãce, & iceluy verifier purement & simplement selõ sa forme & teneur, sans plus s'arrester aux causes & raisons qui l'auroient peu mouuoir à former telles difficultez. Conclusions du Procureur General du Roy, & tout consideré. LA CHAMBRE a ordonné lesdites lettres estre registrees és registres d'icelle, à la charge que les officiers qui seront pourueuz desdits offices, ne pourront prendre leurs gaiges ailleurs qu'à l'Espargne. Et qu'auparauant que d'estre pourueuz, qu'ils feront bien & deuëment verifier la finance de leur commission, & qu'ils affermeront que ce à quoy ils seront taxez pour raison desdits offices, est directement entré és finances de sa Majesté, sans fraude & desguisément; dont ils n'ont eu aucun remboursement, ne recompence. Et pour le regard du pouuoir de signer toutes lettres, faire toutes collations, passer quittances & autres expeditions qu'ils passeront pour les affaires de sa Majesté, qu'ils seront tenus de les faire signer aux parties. Faict le vingt troisiesme Nouembre, mil six cens cinq. Signé par extraict des registres de la Chambre des Comptes.

LE PREVOST.

HENRY

HENRY PAR LA GRACE DE DIEV ROY DE FRANCE ET DE NAVARRE, A noz amés & feaux Conseillers, les gens de nos Comptes à Paris, Salut. Combien que par nostre Edict du mois de Mars dernier, pour la creation de vingt-six offices de nos Conseillers, Notaires, & Secretaires, Maison & Couronne de France, & autres nos lettres patentes, en forme de Iussion, Nous vous ayons assez amplement faict cognoistre nostre intention, sur la verification d'iceluy. Neantmoins sans sçauoir les causes de vos dificultez, Nous auons veu par vostre Arrest du troisiesme Nouembre dernier, les modifications par vous apportees au faict d'icelle verification, par lesquelles vous restraignez, que les gaiges de ceux qui seront pourueuz desdits offices, ne pourront estre pris qu'à l'Espargne. Et pour le regard du pouuoir de signer toutes lettres, faire toutes collations, passer quittances, & autres expeditions qu'ils feront pour nos affaires, qu'ils seront tenus les faire signer aux parties. Occasion dequoy nous ne pourrions tirer dudit Edict le secours que nous nous en sommes promis, & auons affecté à diuerses despences concernans le bien de nos affaires

& seruice. Si lesdites modificatiõs & restrinctions, n'estoient incontinent leuees & ostées. A CES CAVSES, Voulant tresexpressement que le contenu en nostredit Edict, pour la creation de vingt-six nos Conseillers, Notaires, & Secretaires, soit suiuy, & obserué de point en point. NOVS VOVS MANDONS, ordonnons, & enjoignons par ces presentes, signees de nostre main, qui vous seruiront de derniere, & finalle Iussion; Que vous ayez à reprendre nostre Edict, & le faire registrer purement, & simplement, selon sa forme & teneur, leuant & ostant lesdites restrinctions. Nonobstant lesquelles, & toutes autres modifications quelconques, Nous voulons qu'il soit entierement gardé, & entretenu. Nonobstant aussi toutes les remonstrances que vous pourriez auoir à nous faire sur ce subject, lesquelles nous tenons pour toutes entendues pour ce regard. Car tel est nostre plaisir. DONNE à Paris le premier iour de Decembre, l'an de grace mil six cens cinq. Et de nostre Regne le dixseptiesme. Signé, HENRY. Et plus bas, Par le Roy, RVZE. Et scellées sur simple queuë du grand seel de cire iaune.

VEU PAR LA CHAMBRE LES LETTRES PATENTES DU ROY, Donnees à Paris le premier iour des present mois & an, signees, HENRY. Et plus bas, Par le Roy, RUZE. Par lesquelles sa Majesté voulant que son Edict pour la creation de vingt-six Conseillers, Notaires, & Secretaires, Maison & Couronne de France, soit suyuy & obserué de point en point selon sa forme & teneur. Veut & mande, ordonne & enjoint à ladite Chambre pour finalle & derniere Iussion, qu'elle ayt à reprendre ledit Edict, & le faire registrer purement & simplement, selon sa forme & teneur, leuant & ostant les restrinctions, & modifications par elle apposees par ses Arrests, & nonobstant iceux, & toutes les remonstrances que ladite Chambre pourroit auoir à luy faire sur ce subiect, lesquelles sadite Majesté tient pour toutes receuës, & entendues pour ce regard, Ainsi que plus au long le contiennent lesdites lettres: l'Arrest interuenu sur ledit Edict du quatorziesme iour d'Octobre dernier, par lequel ladite Chambre auroit ordonné, qu'il seroit registré, à la charge que les officiers qui en seront pourueuz, ne pourroient prendre leurs gaiges ailleurs qu'à l'Espargne, & qu'ils feroient verifier la finance premiere de leur Commission, & affermeroient, que sans fraude & desguisement ils auroient payé ce à quoy ils seroient taxez pour lesdits offices, & qu'ils n'en auroient eu aucun remboursement, ne recompense, comme aussi ils seroient tenus faire signer aux parties toutes collations, quittances, & autres expeditions qu'ils passeroient pour les affaires de sa Majesté, & sans qu'ils puissent auoir entrée au Contrerolle. Autre Arrest de ladite Chambre du vingt troisiesme iour de Nouembre dernier, interuenu sur autres lettres de Iussion du dixhuictiesme dudit mois; Par lequel elle auroit ordonné lesdictes lettres estre registrees aux charges portées par le susdit Arrest, fors pour l'entree du Contrerollé. Conclusions du Procureur General du Roy, & tout consideré, LA CHAMBRE a ordonné & ordonne que la restrinction de la Collation portée par ledit Arrest du vingttroisiesme iour de Nouembre dernier, sera leuee, & pour le surplus mentionné esdites lettres de Iussion dudit premier iour de ce present mois que ledit arrest dudit vingttroisiesme Nouembre tiendra. Fait le neufiesme Decembre mil six cens cinq. Signé par extraict des registres de la Chambre des Comptes,

DE LA FONTAINE.

EXTRAICT DES REGISTRES *de la Cour des Aydes.*

VEV PAR LA COVR, les lettres patentes du Roy en forme d'Edict, donnees à Paris, au mois de Mars dernier mil six cens cinq, signees, HENRY. Et sur le reply, Par le Roy POTIER, Et scellees sur lacs de soye du grand scel de cire verte. Par lesquelles pour les causes, & considerations y contenues, Sa Majesté, de sa certaine science, pleine puissance & auctorité Royal, crée, erige, & establist en tiltre d'offices formez le nombre de vingt-six ses Conseillers, Notaires, & Secretaires, Maison & Couronne de France, aux gaiges de mil liures chacun par an, à prendre sur les deniers de son Espargne, ou des Gabelles: Auec pareils & semblables honneurs, auctoritez, prerogatiues, preeminances, franchises, libertez, priuileges, exemptions, immunitez, rang & ordre de reception, droicts, profits, reuenus, & esmolumens, dont iouissent les autres Secretaires de la Maiſon & Couronne de France, autres neantmoins que des bourſes & droicts du ſceau; Auſquels ſadite Maieſté n'entend qu'ils ayent aucune participation : ainſi que plus au long eſt porté & contenu par leſdites lettres, les actes des verifications faictes dudit Edict, tant en la Chancellerie de France, Cour de Parlement, que Chambre des Comptes, eſtans ſur le Reply d'iceluy. Les concluſions du Procureur General du Roy, & tout conſideré. LA COVR A ORDONNE ET ORDONNE que leſdites lettres en forme d'Edit, ſeront regiſtrees au Greffe d'icelle, pour iouïr par leſdits vingt-ſix Secretaires y mentionnez des exemptions, franchiſes, & priuileges dont iouïſſent les autres Secretaires de ce Royaume, tant & ſi longuement qu'ils ne feront acte deſrogeant à leurdite qualité. PRONONCE le vingtieſme iour de Decembre mil ſix cens cinq.

Signé, DV PVY Commis.

HENRY PAR LA GRACE DE DIEV ROY DE FRANCE ET DE NAVARRE, A nos amez & feaux Conseillers, les gens tenant nostre grand Conseil, Salut. Ayant cy deuant recogneu les grandes charges qui estoient sur le fonds de nos finances, pour le payement des gages de ceux qui auroient obtenu des Commissions de signer en finãce, eu esgard au peu de deniers qu'ils ont payé pour iouir de mil liures de gages chacun, qui leur sont attribuez par lesdites commissions. Occasion dequoy nous aurions estimé vtile & necessaire pour le bien de nos affaires & seruice, faire nostre Edict du mois de Mars dernier pour la creation de vingt six offices de nos Conseillers, Notaires, & Secretaires, Maison & Couronne de France; Pour en estre pourueus, ceux qui auroient desdites Commissions de signer en finance, & qui auroient financé à ceste fin, aux gages de mil liures chacun par an, à prendre sur les deniers de nostre espargne ou sur le sel. Ainsi que plus particulierement est declaré par ledit Edict, & d'autant que par l'addresse qui a esté faicte d'iceluy en nos Cours souueraines, pour y estre verifié, on auroit obmis à vous y employer ; Et que à ceste cause vous pourriez faire quelque difficulté de faire le semblable, sans auoir sur ce nos lettres de declaration. POVR CES CAVSES, Nous voulons, vous mandons & tres-expressement enjoignons par ces presentes ; Que sans vous arrester ny auoir aucun esgard à ladite obmision d'adresse, vous ayez à verifier purement & simplement ledit Edict, pour ladite creation de vingt six offices de nosdits Conseillers, Notaires, & Secretaires, Sans y apporter aucune modification ny restrinction. CAR tel est nostre plaisir. DONNE à Paris le vingtneufiesme iour de Decembre, l'an de grace mil six cens cinq. Et de nostre regne le dixseptiesme.

Signé, HENRY.

Et plus bas, Par le Roy, POTIER.

Et scellees sur simple queuë du grand sceel de cire jaulne.

Plus est escript,

Leuës, publiees & registrees au grand Conseil du Roy, suiuant l'Arrest donné en iceluy : le cinquiesme iour de Ianuier mil six cens six, à Paris.

Signé, THIELEMENT.

EXTRAICT DES REGISTRES DU grand Conseil du Roy.

VEu par le Conseil les lettres en forme d'Edict, du mois de Mars mil six cens cinq, contenant la creation & erection de vingt six Conseillers, Notaires & Secretaires du Roy, Maison & Couronne de France, aux gages y mentionnez, droicts, franchises, libertez, preeminances & priuileges, desquels iouyssent les autres Secretaires, Maison & Couronne de France. Autres lettres de relief d'adresse audit Conseil, du vingt-neufiesme Decembre audit an, pour la verification dudit Edict. Conclusions du Procureur general du Roy. LE CONSEIL a ordonné & ordonne que lesdites lettres seront leuës, publiees, & registrees au greffe dudit Conseil, pour iouyr par lesdits vingtsix Secretaires, des droicts y mentionnez, exemptions, franchises, priuileges, & libertez, desquels iouyssent les autres Secretaires du Roy, Maison & Couronne de France, pourueu qu'ils ne facent acte desrogeant à leur qualité. Le present Arrest a esté mis au greffe dudit Conseil, monstré au Procureur general du Roy, & prononcé à Paris, le cinquiesme iour de Ianuier mil six cens six.

Signé, THIELEMENT.

ARREST DU CONSEIL d'Estat du Roy, interuenu en consequence dudit Edict.

EXTRAICT DES REGISTRES du Conseil d'Estat.

LE Roy ayant creé par son Edict du mois de Mars mil six cens cinq, deuëment verifié par tout où besoin a esté, vingt six Conseillers Notaires & Secretaires de sa Maiesté & de la maison & Couronne de France, pour y estre pourueu pareil nombre de ceux qui auoyent des charges & offices de Secretaires des Finances, Aux gages de mil liures par chacun an, & aux mesmes droicts, priuileges & exemptiõs dont iouissent les autres Secretaires de sa Maiesté. Et voulant pouruoir à ce que lesdits gages ſoyent annuellement payez ſans aucun retranchement, n'y nonualeur, & leſdits droicts, exemptions & priuileges entendus ſans aucun doute, ny dificulté. Sa Maieſté conformement à l'Edict de creation deſdits vingt ſix Secretaires de la maiſon & Couronne de France & de ſes Finances. A ORDONNÉ ET ORDONNE que leſdits gages ſeront acquittez ſur les deniers reuenans à ſa Maieſté des Gabelles de France, & qu'à ceſte fin en l'eſtat qui ſera faict au commancement des annees de la recepte & deſpence deſdites Gabelles, il ſera laiſſé fonds en la deſpence de la ſomme de vingt ſix mil liures pour leſdits gages. Tout ainſi & en la meſme forme qu'il eſt obſerué pour les gages des quatre Cours ſouueraines qui ſe payent ſur leſdites Gabelles. Et qu'au premier renouuellement qui ſe fera du bail general d'icelles Gabelles, leſdits gages ſeront employez audit bail, tout ainſi que ceux deſdites Cours ſouueraines, ſans qu'ores ny a l'aduenir, pour quelque cauſe & occaſion que ce ſoit, ladite ſomme de vingt ſix mil liures ainſi affectee ſur leſdites Gabelles pour iceux gages, en puiſſe eſtre reiectee ou diuertie à autre effect, ny iceux gages retranchez ou diminuez en quelque ſorte que ce ſoit.

Et que lesdits vingt six Secretaires de sa Maiesté & de ses Finances iouyront suiuant ledit Edict, de tous & chacuns les droicts, priuileges, honneurs, auctoritez, prerogatiues, preeminances, franchises, libertez, exemptions, immunitez, appartenans à la charge de Secretaire du Roy, tout ainsi que les autres du College des six vingts & des cinquante quatre, tant pour la resignation de leursdits offices, qui sera admise sans payer finance, toutefois & quantes qu'ils s'en voudront desmettre, priuilege des vingt annees. Lesquelles ayant vescu leursdits offices ne pourront estre estimez vaquans ny impetrables par leur mort: ains icelle aduenant apres lesdites vingt annees demeureront en la disposition de leurs vefues, enfans & heritiers. Comme aussi iouyront de l'exemption des profits des heritages qu'ils pourront acheter, releuans du Domaine de la Couronne en fief, censif ou autrement: Tout ainsi que font tous nos autres Notaires & Secretaires desdits Colleges anciẽs, des six vingts & des cinquante quatre. Auront l'entree au Cõtroolle & au Sceau, & exemption du droict d'iceluy Sceau pour toutes lettres qui seront en leur nom: sans toutesfois aucune participation aux bourses & esmoluemens dudit

Sceau. Seront aussi exempts des anciens cinq sols qui se prennent sur chacun muid de vin : & pourront prendre la quantité de deux minots de sel, ainsi que les autres Secretaires desdits Colleges anciens, en payant comme eux le droict du marchant seulement. Et generalement iouyront de tous les droicts, priuileges, exemptions desdits Secretaires du Roy, des Colleges anciens, sans aucun en reseruer, & tout ainsi que si par le menu ils estoyent specifiez & declarez par ledit Edict de creation, & le present Arrest. Faict au Conseil d'Estat, tenu à Paris le quatorziesme iour de Mars mil six cens six.

Signé, L'HVILLIER.

Collationné aux originaux par moy Conseiller, Notaire & Secretaire du Roy, & de ses Finances.

www.ingramcontent.com/pod-product-compliance
Ingram Content Group UK Ltd.
Pitfield, Milton Keynes, MK11 3LW, UK
UKHW020226180726
13838UKWH00005B/2220

9 782329 340531